CONCÍLIO VATICANO II

INTER MIRIFICA

**DECRETO DO CONCÍLIO VATICANO II
SOBRE OS MEIOS DE COMUNICAÇÃO SOCIAL**

Paulinas

©Amministrazione del Patrimonio della Santa Sede Apostolica

©Dicastero per la Comunicazione – Libreria Editrice Vaticana, 1965

Publicação foi autorizada ©Conferência Nacional dos Bispos do Brasil

Direção-geral: *Maria Bernadete Boff*
Coordenação editorial: *Noemi Dariva*
Gerente de produção: *Felício Calegaro Neto*
Direção de arte: *Irma Cipriani*

4ª edição – 2002
2ª reimpressão – 2025

Nenhuma parte desta obra poderá ser reproduzida ou transmitida por qualquer forma e/ou quaisquer meios (eletrônico ou mecânico, incluindo fotocópia e gravação) ou arquivada em qualquer sistema ou banco de dados sem permissão escrita da Editora. Direitos reservados.

Cadastre-se e receba nossas informações
paulinas.com.br
Telemarketing e SAC: 0800-7010081

Paulinas
Rua Dona Inácia Uchoa, 62
04110-020 – São Paulo – SP (Brasil)
📞 (11) 2125-3500
✉ editora@paulinas.com.br

© Pia Sociedade Filhas de São Paulo – São Paulo, 1965

INTER MIRIFICA

DECRETO DO CONCÍLIO VATICANO II
SOBRE OS MEIOS DE COMUNICAÇÃO SOCIAL

No encerramento da segunda Sessão do Concílio Ecumênico Vaticano II, em 4 de dezembro de 1963, o Santo Padre Paulo VI e os Padres Conciliares aprovaram o Decreto sobre os meios de comunicação social: imprensa, cinema, rádio, televisão e outros meios que concorrem para a difusão do pensamento.

O Decreto representa uma confirmação da perene validade e juventude da Igreja, a qual não fica alheia ao mundo, mas revela seu contínuo interesse pelo bem da humanidade, favorecendo os estudos, estimulando as descobertas e dando normas moralmente seguras para animar de espírito cristão as maravilhosas invenções da criatividade humana.

"A Igreja com este Decreto manifesta sua capacidade de unir a vida interior à exterior, a contemplação à ação, a oração ao apostolado... Os meios de comunicação social são já inseridos como meio e documento no exercício do ministério pastoral e da missão católica no mundo" (Paulo VI).

INTRODUÇÃO

Significação dos termos

1. O engenho humano, usando as forças naturais, por disposição divina, alcançou maravilhosas conquistas técnicas nos dias de hoje. Sendo mãe, a Igreja se preocupa de maneira toda especial com o que se relaciona mais diretamente com mente humana: a comunicação das maneiras de ser e de pensar, que foram imensamente facilitadas pelos caminhos jamais suspeitados que se abriram para transmitir toda espécie de mensagem. Dentre esses, merecem especial atenção os meios que atingem não apenas indivíduos isolados, mas a multidão no seu conjunto, toda a sociedade humana. Destacam-se, entre eles, a imprensa, o rádio, a televisão e outros do mesmo gênero, que se denominam meios de comunicação social.

Por que o Concílio trata disso

2. A Igreja, como mãe, sabe que esses meios, se usados corretamente, prestam um enorme serviço ao gênero humano, dão eminente contribuição para o lazer e o cultivo dos espíritos e ajudam a propagar e a tornar mais consistente o reino de Deus. Mas sabe também que esses mesmos meios podem ser usados contra os propósitos do Criador e contribuir para a degradação dos seres huma-

nos. A Igreja sofre ao constatar que os males que afligem a sociedade em que vivemos muitas vezes são decorrência do mau uso desses meios.

Por isso o Concílio adverte com insistência que os Sumos Pontífices e os bispos cuidem desse setor de primordial importância e julga ser seu dever tratar das principais questões que os meios de comunicação social levantam hoje. Espera que a doutrina e as normas por ele estabelecidas sejam úteis não apenas aos fiéis, mas a toda a comunidade humana.

CAPÍTULO I

Normas para o correto uso
dos meios de comunicação social

Os deveres da Igreja

3. Constituída para fazer chegar a todos os seres humanos a salvação de Cristo, Nosso Senhor, a Igreja católica se vê premida pela necessidade de evangelizar. Compete-lhe anunciar a salvação por todos os meios, inclusive pelos meios de comunicação social, lembrando aos seres humanos como usá-los devidamente.

A Igreja tem, pois, um direito radical de possuir e usar desses meios como úteis à educação cristã e ao seu trabalho em vista da salvação das almas. Os pastores têm a incumbência de formar e orientar os fiéis no uso desses meios, em vista de seu próprio aperfeiçoamento e de toda a família humana.

Aliás, compete especialmente aos leigos animar esses meios com o espírito cristão, para que correspondam às grandes expectativas da comunidade humana e aos objetivos divinos.

A lei moral

4. O correto uso desses meios requer o conhecimento das normas éticas que os regulam e sua fiel observância prática. Considere-se o que se comunica em cada um desses meios, de acordo com sua própria índole, assim como todas as circunstâncias que o cercam, como a finalidade, as pessoas, o lugar, o tempo e tudo o mais que lhe pode afetar a moralidade ou até lhe conferir uma conotação inteiramente nova. Chama-se especial atenção para o que cada um deles tem de próprio, especialmente seu poder, por exemplo, tão grande que se impõe irresistivelmente à maioria dos seres humanos, despreparados para lhe oferecerem resistência.

O direito à informação

5. É extremamente necessário que todos tenham a consciência formada para o uso desses meios, especialmente em relação a determinadas questões, hoje em dia mais discutidas.

A primeira delas é a questão da informação, ou seja, da busca e da divulgação de notícias.

Com o progresso da sociedade e os estreitos vínculos de dependência recíproca que hoje nos prendem uns aos outros, a informação se tornou indispensável. A comunicação pública e imediata do que acontece dá a conhecer melhor e de maneira contínua o que se passa, contribuindo para o bem comum e para o proveito de toda a sociedade.

Reconhece-se por isso o direito à informação a respeito de tudo o que afeta a condição humana, individual ou social. Mas o correto exercício deste direito exige que a comunicação, quanto ao seu objeto, seja sempre verdadeira e íntegra, observadas as exigências da justiça e da caridade. Quanto ao modo, a comunicação deve ser honesta e conveniente, respeitando escrupulosamente as leis morais, o legítimo direito e a dignidade das pessoas, tanto na investigação como na divulgação. Nem sempre o saber é de utilidade, pois "só a caridade edifica" (cf. 1Cor 8,1).

Arte e moral

6. A segunda questão refere-se às relações entre os direitos da arte e as normas morais.

As grandes discussões a respeito provêm, em geral, das diversas concepções da ética e da estética. O Concílio mantém o primado absoluto da ordem moral objetiva relativamente a todos os outros setores do agir humano, inclusive o artístico, apesar de sua reconhecida nobreza.

A ordem moral envolve a totalidade do ser humano como criatura racional, chamado a uma vocação transcendente. Precisa ser seguida íntegra e fielmente, para que o ser humano se realize plenamente e alcance a beatitude.

Como lidar com o mal moral

7. Falar, descrever ou representar o mal, mesmo nos meios de comunicação social, pode ajudar a conhecer

melhor o ser humano, a compreendê-lo em maior profundidade, manifestando assim e exaltando a grandeza da verdade e do bem, graças à obtenção de determinados efeitos dramáticos. No entanto, para que seja mais útil do que perniciosa, tal representação do mal deve estar particularmente atenta a evidenciar as exigências morais, especialmente quando se trata de coisas que merecem de per si o respeito, ou que facilmente incitam ao mal o ser humano enfraquecido em consequência do pecado.

A opinião pública

8. A opinião pública goza hoje de um peso e de uma autoridade extraordinários em todos os setores da vida humana, tanto pública como privada. É, pois, indispensável que todos os membros da sociedade cumpram estritamente seus deveres de justiça e de caridade no uso dos meios de comunicação social, a fim de que estejam a serviço da formação e manifestação de uma opinião correta a respeito de todos e de tudo.

Deveres dos receptores

9. Todos os receptores, isto é, leitores, expectadores e ouvintes, que usam livremente os meios de comunicação, têm o dever estrito de escolher e favorecer claramente o que há de melhor do ponto de vista da virtude, da ciência e da arte.

Devem igualmente evitar o que lhe causa, ou a outrem, prejuízo espiritual, proporciona ocasiões para tanto ou impede a divulgação do que é bom e sadio, o que habitualmente se consegue evitando subvencionar os meios de comunicação que agem unicamente em função do lucro e do próprio enriquecimento.

Para cumprir esses deveres, os usuários devem se informar do que pensam as pessoas competentes e seguir sua orientação, procurando formar sua consciência de maneira a resistir às tentações de facilidade e favorecer o que realmente vale a pena.

Deveres dos jovens e de seus pais

10. Os mais jovens devem habituar-se a usar com moderação e disciplina os meios de comunicação social, procurando estudar melhor e aprofundar o que viram, ouviram ou leram, com o auxílio de educadores e de pessoas competentes, para alcançar um conhecimento sólido a respeito. Lembrem-se os pais de que é seu dever impedir que entrem no lar ou cheguem às mãos de seus filhos espetáculos e publicações prejudiciais à fé e aos bons costumes.

Deveres dos autores

11. Mas as principais exigências morais no que diz respeito aos meios de comunicação social recaem sobre os jornalistas, escritores, autores, diretores, editores, programadores, distribuidores, vendedores e críticos, todos, en-

fim, que participam da produção e da transmissão. A importância e a gravidade dessas exigências são evidentes, na atual conjuntura, pois todos eles, informando ou provocando, podem induzir a humanidade ao bem ou ao mal.

Compete-lhes satisfazer às exigências econômicas, políticas e artísticas de modo a favorecer e nunca prejudicar o bem comum. Só conseguirão, aliás, associando-se uns aos outros, adotando em comum, se necessário, uma declaração das exigências éticas a serem respeitadas na profissão e acatando as imposições das leis morais no que diz respeito ao exercício de sua arte.

Lembrem-se sempre de que a maioria dos leitores e dos espectadores é composta de jovens. Precisam de livros e espetáculos que ofereçam um divertimento honesto e capaz de contribuir para a elevação do espírito. Cuidem especialmente para que as comunicações relativas à religião sejam feitas, com o devido respeito, por pessoas capazes e competentes.

Deveres da autoridade civil

12. A autoridade civil tem responsabilidade particular nesse setor, pois os meios de comunicação visam ao bem comum. Em virtude de sua função, compete-lhe defender e proteger a autêntica liberdade de informação, indispensável ao progresso social, especialmente no que diz respeito à liberdade de imprensa. Compete-lhe ainda promover a religião, a cultura e as artes e resguardar os legítimos direitos dos receptores. Compete ainda à autori-

dade civil apoiar as iniciativas que, embora extremamente úteis à juventude, não se podem sustentar sozinhas.

Finalmente esses mesmos poderes públicos devem proteger a saúde dos cidadãos, por meio de uma legislação adequada e que venha efetivamente a ser cumprida. Devem evitar que o mau uso dos meios de comunicação prejudique os costumes públicos ou o progresso da sociedade. Esse papel de vigilância em nada diminui a liberdade dos indivíduos ou dos grupos, principalmente quando eles não oferecem verdadeiras garantias contra o mau uso desses meios de comunicação.

Dedicar-se-á especial cuidado em proteger os jovens contra as publicações e espetáculos que lhes são nocivos.

CAPÍTULO II

Os meios de comunicação social e o apostolado

A ação dos pastores e dos fiéis

13. Todos os filhos da Igreja colaborem com espírito verdadeiramente comunitário na utilização dos meios de comunicação social para o apostolado. Façam-no sem demora e com maior empenho, pois se trata de uma tarefa urgente, na qual devem se antecipar às iniciativas contrárias, especialmente nas regiões em que o progresso religioso e a moral mais o exigem.

Empenhem-se os pastores, sem demora, nesse setor, tão intimamente conexo com o dever de pregar. Os leigos que participam do uso desses meios procurem dar testemunho de Cristo, em primeiro lugar, exercendo suas funções com competência e ardor apostólico, mas também ajudando diretamente na ação pastoral da Igreja, do ponto de vista de suas capacidades técnicas, econômicas, culturais e artísticas.

Iniciativas dos católicos

14. Promova-se, antes de tudo, a boa imprensa. Para imbuir os leitores do espírito cristão, seja criada e desenvolvida uma imprensa católica que, sob a direção direta da autoridade eclesiástica ou de pessoas católicas, proponha, sustente e defenda pública e explicitamente o que está de acordo com o direito natural e com a doutrina católica, divulgue os eventos relativos à vida da Igreja, interpretando-os corretamente. Admoestem-se os católicos da necessidade de ler e difundir a imprensa católica para formar cristãmente sua opinião e das pessoas com quem convivem.

A produção e a exibição de filmes para divertimento honesto, proveito cultural e artístico, especialmente dos jovens, sejam favorecidas e promovidas, com a efetiva ajuda de todos. Para tanto, é necessário apoiar os produtores e distribuidores de confiança, por intermédio da crítica e da concessão de prêmios aos melhores, facilitando a distribuição às salas católicas e associadas.

Apoiem-se igualmente as boas transmissões radiofônicas e os bons programas de televisão, especialmente os que favorecem a vida familiar. Tenha-se especial empenho na promoção das emissões católicas, que levam os ouvintes e telespectadores a participar da vida da Igreja e a assimilar as verdades religiosas. Onde for oportuno, cuide-se de estabelecer emissoras católicas, que, no entanto, devem primar pela qualidade e pela eficácia dos seus programas.

Aconselha-se enfim que a nobre e antiga arte do teatro, hoje muito difundida pelos próprios meios de comunicação, contribua para a formação humana e moral dos espectadores.

A formação dos autores

15. Tudo isso requer pessoal especializado no uso desses meios para o apostolado. É indispensável pensar em formar desde cedo sacerdotes, religiosos e leigos que desempenhem tais tarefas.

É preciso começar por preparar os leigos do ponto de vista doutrinário, moral e técnico, multiplicando escolas, institutos e faculdades de comunicação, em que jornalistas, autores, cineastas, radialistas, comunicadores de televisão e todo pessoal necessário recebam uma formação imbuída do espírito cristão, especialmente no que concerne à doutrina social da Igreja. Os artistas de teatro devem ser instruídos e apoiados para que sua arte aproveite a todos. Preparem-se igualmente críticos literários, de cinema, rádio e televisão, capazes de se impor profissionalmente, que saibam e tenham a coragem de levar em conta os princípios morais cristãos em suas apreciações.

A formação dos receptores

16. O uso correto dos meios de comunicação social à disposição dos receptores de diversas culturas e idades exige que estes sejam formados e treinados para tirar o devido proveito, especialmente quando se trata de jovens.

Nas escolas católicas, pois, de todos os níveis, nos seminários e outros grupos de leigos, difundam-se quanto possível os princípios cristãos a serem seguidos na escolha e recepção dos diversos programas.

Meios e subsídios

17. Não é admissível que os filhos da Igreja assistam passivamente à resistência ou esvaziamento da palavra da salvação por impedimentos técnicos e obstáculos colocados pelos meios de comunicação social. Por isso o Concílio insiste no dever de apoiar e promover as revistas e periódicos católicos, os filmes e as emissoras de rádio e de televisão que têm por objetivo a difusão da verdade, a defesa da Igreja e a promoção da sociedade humana. Convida também as associações e as pessoas que dispõem de grandes recursos técnicos e econômicos a se colocar generosamente a serviço desses meios de comunicação social, tornando-se o sustento da cultura e do apostolado.

Dia anual

18. Para reforçar o variado apostolado da Igreja por intermédio dos meios de comunicação social celebre-se anualmente, nas dioceses do mundo inteiro, um dia dedicado a ensinar aos fiéis seus deveres no que diz respeito aos meios de comunicação, a se orar pela causa e a recolher fundos para as iniciativas da Igreja nesse setor, segundo as necessidades do mundo católico.

Um secretariado especializado

19. O sumo pontífice, no exercício de sua ação pastoral junto aos meios de comunicação social, crie um secretariado especializado da santa sé[1].

A competência dos bispos

20. Os bispos devem vigiar, promover e orientar, em suas respectivas dioceses todas as obras e iniciativas relativas ao apostolado público, inclusive quando tomadas ou dirigidas por religiosos isentos.

Secretariados nacionais

21. Visto que o apostolado eficaz no âmbito nacional requer a unidade de orientação e de forças, o Concílio decide e estabelece que se instituam secretariados nacionais de imprensa, cinema, rádio e televisão, com a respectiva dotação de recursos. É função desses secretariados cuidar da formação da consciência dos fiéis que usam desses meios, orientar e proteger tudo que seja feito nesse setor pelos católicos.

---

[1] Acolhendo com voto favorável a ideia de um secretariado de imprensa e espetáculos, os padres conciliares pedem reverentemente ao sumo pontífice que as funções e a competência desse secretariado para todos os meios de comunicação social, sem excluir a imprensa, faça-se com a participação de especialistas, inclusive leigos, de diversos países.

A direção do secretariado nacional seja dada a um bispo ou a uma comissão de bispos, mas devem participar também desse secretariado leigos de boa formação católica e tecnicamente capazes.

Uma associação internacional

22. Como, porém, a eficácia desses meios ultrapassa as fronteiras nacionais e alcança todos os cidadãos do mundo, as iniciativas nacionais devem se dar as mãos, para cooperar também no âmbito internacional. Cada um dos secretariados coopere ativamente com sua respectiva associação católica internacional. Só à santa sé compete aprovar tais associações internacionais, que dela dependem inteiramente.

CONCLUSÃO

Diretório pastoral

23. Para tornar efetivos esses princípios e normas relativos aos meios de comunicação social, o Concílio estabelece que a santa sé, com o apoio do secretariado de que fala o n. 19, deve promulgar uma instrução pastoral, com a assessoria de peritos de várias nações.

Exortação final

24. O Concílio espera que todos os filhos da Igreja generosamente ponham em prática estas suas disposições, para que o uso dos meios de comunicação social não lhes traga prejuízo. Pelo contrário, à maneira do sal e da luz, possam dar fecundidade à terra e iluminar o mundo. Além disso, convida todos os homens de boa vontade, começando pelos que controlam os meios de comunicação social, a se orientar unicamente pelo bem da sociedade humana, cujos destinos dependem cada vez mais desses meios. Dessa forma, as invenções modernas, a exemplo

dos antigos monumentos artísticos, glorificarão o nome do Senhor, cumprindo-se o que diz o apóstolo: "Jesus Cristo ontem, hoje e para sempre" (Hb 13,8).

Tudo o que se estabeleceu neste decreto foi aprovado pelos padres conciliares. Nós, em virtude do poder apostólico que nos foi confiado por Cristo e em conjunto com todos os veneráveis padres conciliares, no Espírito Santo, aprovamos, decidimos e estatuímos, ordenando que sejam promulgadas essas normas conciliares para a glória de Deus.

PAULO PP. VI

ÍNDICE

INTRODUÇÃO 5

    Significação dos termos 5

    Por que o Concílio trata disso 5

CAPÍTULO I

Normas para o correto uso
dos meios de comunicação social 7

    Os deveres da Igreja 7

    A lei moral 8

    O direito à informação 8

    Arte e moral 9

    Como lidar com o mal moral 9

    A opinião pública 10

    Deveres dos receptores 10

    Deveres dos jovens e de seus pais 11

    Deveres dos autores 11

    Deveres da autoridade civil 12

CAPÍTULO II

Os meios de comunicação social e o apostolado 15

A ação dos pastores e dos fiéis 15
Iniciativas dos católicos 16
A formação dos autores 17
A formação dos receptores 17
Meios e subsídios 18
Dia anual 18
Um secretariado especializado 19
A competência dos bispos 19
Secretariados nacionais 19
Uma associação internacional 20

CONCLUSÃO 21

Diretório pastoral 21
Exortação final 21